SCIENCE ET RELIGION
Études pour le temps présent

LES
PHÉNOMÈNES TÉLÉPATHIQUES
ET LE
SECRET DE-L'AU-DELA
PAR
LE P. D. LODIEL, S. J.

PARIS
LIBRAIRIE BLOUD ET Cⁱᵉ
4, RUE MADAME ET RUE DE RENNES, 59
1903

© 2022 Culturea Editions

Editions : Culturea (Hérault, 34)

contact : infos@culturea.fr

ISBN : 9782385081812

Dépôt légal : octobre 2022

Tous droits réservés pour tous pays

LES PHÉNOMÈNES TÉLÉPATHIQUES

LA QUESTION

Dans le passé comme aujourd'hui, on a souvent parlé de pressentiments, de visions qui annonçaient des événements futurs, ou arrivés au moment même à grande distance. Mais généralement on regardait ces récits comme des fables, et leur objet comme des hallucinations sans valeur. Depuis quelques années, l'attention des savants a été éveillée par des témoignages plus précis, et plusieurs faits analogues à ceux qu'on rejetait avec dédain ont été constatés d'une manière scientifique. En France, les *Annales des sciences psychiques* recueillent, depuis dix ans, des manifestations de ce genre ; l'Italie s'en occupe plus encore, et depuis six ans, une revue mensuelle, *La Rivista dei studii psychici* a publié de nombreux documents au sujet de ces phénomènes. *La Civiltà cattolica*, dont on sait la haute valeur, a consacré dernièrement (1899 et 1900) plusieurs articles à l'étude de ces informations singulières.

Mais en Angleterre surtout, on s'est livré avec ardeur à la recherche des faits et de leur explication. Il s'y est formé, dans ce but, une société qui compte parmi ses membres les hommes les plus connus par leur savoir, et dans un bulletin spécial, ils ont constaté le résultat de leur enquête (1).

Vers 1888, un vaste recueil de ces phénomènes fut publié à Londres par MM. Gurney, Myers et Podmore (*Phantasms of the living*, deux volumes de 573 et 733 pages); il a été en partie traduit en français par M. Marillier, sous un titre singulièrement modifié : *Les hallucinations télépathiques.*

M. Ch. Richet, directeur de la *Revue Scientifique* (*Revue Rose*), a donné de cet ouvrage une appréciation remarquable de sa part, vu ses tendances positivistes (2).

Il rappelle d'abord les impressions qu'il éprouva en parcourant ces récits.

« Je n'ai pas abordé cette lecture sans une incrédulité railleuse, dit-il, mais peu à. peu j'ai fini par acquérir la conviction que la plupart de ces récits étaient sincères, que les précautions multiples, nécessaires pour assurer par des témoignages exacts l'authenticité du fait, avaient été prises, et que, si extraordinaire que fût la conclusion, on ne pouvait se refuser à l'admettre... A force de patience et de persévérance, certains cas bien complets, bien. démonstratifs ont été recueillis, qui constituent des faits positifs. »

« A mon avis, il n'est pas permis d'invoquer la mauvaise foi des observateurs, ou la possibilité d'une coïncidence fortuite. Alors, la conclusion s'impose : il y a une relation entre

(1) *Proceedings of the society for psychical research.*
(2) *Revue Rose*, 20 décembre 1890.

l'hallucination de A. et la mort de B.» (entre la vision d'un parent, d'un ami demeurant au loin, et la mort de cet ami arrivant au moment même, phénomène dont le recueil des savants anglais donne de nombreux exemples).

« Peu importe cependant, ajoute M. Richet, car à moins de refuser toute valeur au témoignage humain, ces histoires sont vraies et exactes. Le long et patient travail de MM. Gurney, Myers et Podmore a consisté précisément dans la collection de témoignages, la vérification des faits allégués, la constatation des dates, des heures et des lieux par des documents officiels. On devine quelle immense correspondance cette précision a exigée. Pourtant, il ne faut pas regretter tant d'efforts, car le résultat a été excellent ; des faits bien exacts, indiscutables ont été rapportés... » Et, comme le reconnaît M. Richet, ils peuvent jeter quelque lumière sur la nature de l'intelligence humaine, et sur le mystère de l'au delà.

Une foule de savants de toute croyance religieuse et de toute opinion philosophique partagent ce jugement de M. Richet.

Voilà donc une question qui s'impose à l'attention de tous, et il y a quelque intérêt à connaître ces manifestations, à voir ce qu'elles signifient. Nous en rapporterons quelques-unes puisées à diverses sources, nous dirons ensuite quelque chose des systèmes proposés pour les expliquer, et des conséquences auxquelles ces faits nous conduisent.

I. — LES FAITS.

Pour éviter toute controverse théologique, MM. Gurney, Myers et Podmore ont voulu surtout recueillir les apparitions des personnes vivantes : (*Phantasms of the living*), mais dans un grand nombre de leurs récits, nous trouvons l'annonce de la mort d'un parent, d'un ami.

Mme Storie, d'Edimbourg, voit en rêve un chemin de fer et la vapeur qui s'échappe de la locomotive, puis son frère étendu sur le sol, les yeux fermés ; la machine était prés de sa tête : « Elle va le frapper, » s'écrie la dame pleine d'angoisse. — « Eh bien, oui, » répond quelqu'un, et elle voit son frère évanoui, les yeux roulant dans leur orbite, puis la vision disparut. On prit des renseignements au plus vite, et l'on apprit qu'en effet, le frère de cette dame avait été écrasé par un train de chemin de fer ; on sut même que la locomotive avait une forme nouvelle, telle que la dame l'avait vue en songe (1).

Une autre dame connut par une vision semblable la mort de son fils. « Il s'est noyé la nuit dernière, comme il se rendait à bord ; pendant qu'il traversait la planche, il a glissé, je l'ai vu, je l'ai entendu dire : Oh, mére ! » Le narrateur du fait et d'autres témoins sont sûrs que la vision de Mme B. et le récit de l'agent qui rap-

---

(1) *Les Hallucinations télépathiques*, p. 110. — *Revue des Deux Mondes*, 1er nov. 1892, p. 89.

porta la cause et la date de l'accident, étaient parfaitement d'accord (1).

Dans le sixième fascicule publié par la société anglaise (*for psychical research*), on rapporte une singulière vision de Mrs Elisabeth Broughton, qui alors habitait en Angleterre.

Au mois de juillet 1842, une nuit, elle s'éveille en sursaut, et quelque temps après elle appelle son mari et lui dit : « Quelque chose de terrible s'est passé en France ! Je viens de le voir, non pas en songe, mais parfaitement éveillée. » Elle avait aperçu une voiture brisée, une foule accourant au lieu de l'accident, un personnage placé sur un lit, le visage découvert, elle avait reconnu le duc d'Orléans. Ensuite elle avait vu plusieurs personnes arriver successivement autour de ce lit, plusieurs membres de la famille royale, la reine, puis le roi, tous en silence, les yeux pleins de larmes, veillant près du duc mourant. Elle vit aussi un médecin qu'elle ne put reconnaître d'abord, tenant sa montre d'une main, de l'autre observant le pouls du malade, puis la scène disparut.

Dès que le jour fut venu, elle écrivit dans son journal ce qu'elle avait vu, et c'est d'après ce journal qu'elle fit ce récit à Miss Anne Page, qui l'a fait connaître aux rédacteurs des *Proceedings*. — C'était avant l'établissement du télégraphe, et seulement deux jours après le *Times* annonça la mort du duc d'Orléans.

(1) *Ibid.*, p. 151.

'Depuis, dans un voyage à Paris, Mrs Broughton visita le lieu de l'accident, le reconnut, et acquit une nouvelle vérification de ses impressions (1).

Voici un autre fait rapporté par les savants anglais dans leur grand recueil.

Au mois de septembre 1857, le capitaine Wheatcroft, du 6e régiment anglais des dragons de la garde, partit pour les Indes, afin de rejoindre son corps de troupe ; sa femme resta en Angleterre, à Cambridge.

Dans la nuit du 14 au 15 novembre vers le matin, elle rêva qu'elle voyait son mari anxieux et souffrant et se réveilla trés agitée. Il faisait un très beau clair de lune ; ouvrant les yeux, Mme Wheatcroft vit son mari debout à côté de son lit, en uniforme, les mains serrées sur sa poitrine, les cheveux en désordre, la figure pâle et la bouche contractée. Elle le vit avec toutes les particularités de son vêtement aussi distinctement qu'elle l'avait jamais vu dans toute sa vie ; elle remarqua même que ses habits n'étaient pas tachés de sang ; mais son corps semblait s'incliner avec un air de souf¬ france. L'apparition dura une minute environ puis s'évanouit.

La première idée de Mme Wheatcroft fut de constater qu'elle était bien éveillée. Le lendemain matin, elle raconta tout à sa mère, et exprima la conviction que son mari était tué ou dangereusement blessé. Au mois de dé-

---

(1) *Proceedings of the society for psychical research, july, 1884,* p. 159, 160.

cembre suivant, un télégramme annonçait la mort du capitaine, tué devant Luknow, le 15 novembre. On fit des recherches au ministère de la guerre pour s'assurer si le capitaine était mort le 15 et non pas le 14, au moment de l'apparition. On y confirma la date du 15, mais au mois de mars suivant, un des compagnons du capitaine revenu à Londres prouva qu'il avait été tué à ses côtés le 14 et non le 15 novembre, et que la croïx plantée sur sa tombe portait bien la date du 14. Ainsi la vision avait été une information plus exacte que le docucument officiel.

Ce ne sont pas seulement des femmes, ou des enfants qui éprouvent ces phénomènes ; des hommes très positifs dans leur conduite, des officiers distingués ont reçu de pareilles communications.

M. Frédéric Wingfield écrivait de Belle-Isle-en-Mer à la date du 20 décembre 1883 :

« J'ai été accusé à juste titre d'être d'un scepticisme exagéré à l'égard de ce que je ne puis expliquer. Cependant je vous donne l'assurance la plus ferme que tout ce que je vais vous raconter est le compte rendu exact de ce qui s'est passé. Dans la nuit du 25 mars 1880, j'allai me coucher, après avoir lu assez tard selon mon habitude ; je rêvai que j'étais étendu sur mon sofa, et que je lisais, lorsque levant les yeux, je vis distinctement mon frère, Richard Wingfield Baker, qui était assis sur une chaise devant moi. Je rêvais que je lui parlais, mais qu'il inclinait seulement la tête en guise de réponse, puis se levait et quittait la chambre. Lorsque je me réveillai, je constatai que j'étais debout, un pied posé par terre prés de mon lit, et que j'essayai de parler, de prononcer le nom de mon frére. L'impression qu'il était réellement présent était si forte, et toute la scène que j'avais rêvée si vivante, que je quittai la chambre pour chercher mon frère dans le salon. J'examinai la chaise où je l'avais vu.assis ; je revins à mon lit et j'essayai de me rendormir.

« Longtemps ce fut en vain, et le lendemain l'impression de mon rêve était aussi vive que jamais, et je puis ajouter qu'elle est restée jusqu'à cette heure aussi forte et aussi claire. Poussé par le sentiment d'un malheur imminent, je notai cette apparition dans mon journal, et j'y ajoutai ces mots : « Que Dieu l'èmpêche !» Trois jours après, j'appris que mon frère Richard était mort le jeudi soir, 25 mars 1880, à 8 h. 1/2, à la suite de blessures terribles qu'il s'était faites dans une chute de cheval. Je n'avais pas de nouvelles récentes de mon frère que je savais en bonne santé et parfait cavalier. Je vous donne ma parole d'honneur que les choses se sont passées comme je vous le raconte. »

Le journal de M. Wingfield renferme, en effet, cette mention : « Apparition, nuit de jeudi 25 mars 1880, R. W. B. Que Dieu l'empêche ! » Les lettres R. W. B. sont les initiales des noms de son frère, Richard Wingfield Baker (1).

---

(1) Extrait des *Halucinations télépathiques*, p. 107 ; cité par M. Arcelin, *Revue des quest. scientif.* de Bruxelles, avril 1900, p. 537.

Dans le premier volume publié par la Société anglaise (*for psychical research*), on rapporte le fait suivant :

En 1855, pendant la guerre de Crimée, le capitaine G. F. Colt, dont le frère Olivier se trouvait au siège de Sébastopol, eut cette vision : « Dans la nuit du 8 septembre, dit-il, je fus brusquement éveillé, et je vis en face de la fenêtre de ma chambre, près de mon lit, mon frère à genoux. Je crus d'abord à une illusion causée par les reflets de la lune, mais je vis de nouveau mon frère me regardant d'un air affectueux, triste et suppliant. Je me levai pour regarder à la fenêtre ; nul clair de lune ; il faisait noir, et la pluie battait les vitres avec force. Me retournant alors, je vis encore mon pauvre-frère Olivier, l'air triste et suppliant, et pour la première fois je remarquai sur sa tête, à la tempe droite, une blessure d'où s'échappait un flot de sang : son visage était pâle comme de la cire ; c'est une vision que je n'oublierai jamais. » Quinze jours plus tard, des nouvelles venues de Crimée confirmèrent les prévisions du capitaine : Olivier Colt avait été tué à l'attaque du redan, frappé d'une balle à la tempe droite, et trente-six heures après, on l'avait retrouvé comme agenouillé au milieu d'un monceau de cadavres (1).

Les *Annales des sciences psychiques*, 1891, rapportent un fait semblable arrivé pendant la

_____

(1) *Proceedings of Society for psychical research*, 1883, vol. I p. 124.

guerre du Mexique. L'auteur du récit, M. Gus-
tave Dubois, voyait souvent la mère d'un jeune
officier, M. Escourrou, parti pour cette expé-
dition. « Un jour, raconte-t-il, je trouvai cette
« dame tout en larmes : Ah ! me dit-elle, j'ai
« de cruels pressentiments ! Je dois perdre mon
« fils ! Ce matin, entrant dans la chambre où
« se trouve son portrait, pour le saluer comme
« chaque jour, j'ai vu, bien vu un de ses yeux
« crevé, et le sang coulant sur son visage ; ils
« ont tué mon fils ! » Peu de temps après, en
effet, on apprit la mort du capitaine Escourrou,
tué au siège de Puebla. Quelques semaines
plus tard, le sergent-major de sa compagnie,
de retour en France, raconta que cet officier,
montant à l'assaut, avait été frappé d'une balle
qui, pénétrant l'œil gauche, l'avait tué sans
qu'il pût pousser un cri.

M. Dariex, directeur des *Annales des sciences psychiques*, vit à deux reprises Mme Escourrou qui, spontanément, lui raconta cette singulière vision. Le frère du capitaine ajoute
qu'elle eut lieu le 29 mars 1863, précisément le
jour où cet officier mourait au siège de
Puebla (1).

Le récit suivant nous offre l'expression sai-
sissante d'un événement qui s'est passé à une
distance plus grande encore. C'est une communication transmise d'Angleterre à l'Hin-
doustan.

---

(1) Le sixième fascicule de la *Society for psychical research*
rapporte plusieurs autres faits non moins remarquables, p. 161,
177, 179, etc.

Le lieutenant-colonel Jones l'a rapportée ainsi de vive voix et par écrit :

« En 1845, j'étais avec mon régiment à Moulmein (Birmanie). Le 24 mars, vers midi, j'étais à dîner chez un ami, et après le repas, comme nous parlions de quelques affaires locales sous la véranda, je vis tout d'un coup distinctement devant moi la forme d'un cercueil ouvert, et une de mes sœurs restée dans ma famille y gisait avec l'apparence de la mort. Saisi à cette vue, je cessai de parler ; chacun me regarda avec étonnement et me demanda ce que j'éprouvais. Je leur racontai la chose comme une illusion sans valeur et l'on y fit peu d'attention. Après dîner, je retournai chez moi avec un ancien officier, le major-général Briggs ; il revint sur cet incident, et me demanda si j'avais reçu quelque nouvelle de la maladie de ma sœur : « Non, lui dis-je, je n'ai pas eu de « lettres de ma famille depuis trois mois. » Le major me dit de prendre note de la circonstance, parce qu'il avait eu connaissance de plusieurs faits de ce genre très significatifs ; je le fis, et lui montrai la note que j'écrivis dans mon carnet avec la date du jour et du mois. — Le 17 du mois suivant, je reçus de ma famille une lettre qui m'annonçait la mort de ma sœur, arrivée ce jour-là même, 24 mars 1845. » Le colonel Jones assure n'avoir jamais éprouvé d'autre hallucination (1).

_____

(1) *Proceedings of the Society for psychical research.* 6ᵉ part., p. 173.

ˊDans ce même fascicule, p. 180, on signale un phénomène plus remarquable encore : c'est une perception collective au sujet d'un fait arrivé à plus de cent milles de distance. Le récit est écrit par Miss Catherine Weld, qui fut, avec son père, témoin de cette apparition.

« Philippe Weld, dit-elle dans une lettre au rédacteur, était le plus jeune fils de M. James Weld, et le neveu du cardinal Weld. En 1842, il fut envoyé par mon père à Saint-Edmund College, près Ware, pour son éducation. C'était un enfant d'une conduite très bonne, aimé de ses maîtres et de ses condisciples. Le 16 avril 1845, jour de congé, quelques élèves devaient faire une excursion en bateau sur la Ware. Philippe venait de terminer la retraite annuelle ; le matin même de ce jour, il avait fait la sainte communion, et l'après-midi, accompagné de quelques condisciples et de l'un de ses maîtres, il se rendit au bateau pour cette excursion qui lui plaisait beaucoup. Au signal du retour, Philippe demanda une rame pour aider à la manœuvre, mais pendant que la barque tournait, il tomba à l'eau dans un endroit où la rivière était profonde, et malgré tous les efforts, il fut noyé. Son corps cependant fut ramené au collège. Le Rév. Dʳ Cox, directeur de l'établissement, fut saisi d'une douleur profonde, car il aimait beaucoup le jeune Philippe, et il sentait combien terrible pour sa famille serait la nouvelle de sa mort. Comment l'annoncer ? Après y avoir longtemps pensé, il se décida à se rendre lui-même chez

M. Weld, près de Southampton. Il y arriva le jour suivant ; à peu de distance de la demeure de M. Weld, il le vit venir à sa rencontre. Il descendit de voiture et allait lui parler, mais celui-ci le prévint en lui disant : « Il est inutile de me rien cacher, car je sais que Philippe est mort !... — Comment cela ? — Voici, reprit M. Weld : Hier soir, je me promenais avec ma fille Catherine, quand soudain j'ai vu mon fils ; il marchait sur le trottoir opposé en compagnie de deux personnes dont l'une était revêtue d'une robe noire. Ma fille fut la première à l'apercevoir, et elle s'écria : « Oh ! papa ! avez-vous jamais vu quelqu'un « si semblable à Philippe ? — Semblable à Philippe, répondis-je, mais c'est lui ! » — Nous nous dirigeâmes vers ces trois personnages qui nous apparaissaient : Philippe regardait avec un sourire de bonheur le jeune homme revêtu de la robe noire, qui l'accompagnait. Soudain, toute la vision disparut, et je ne vis plus qu'un paysan dont j'avais déjà remarqué la présence. — Pour ne pas effrayer ma femme, je ne parlai pas de cette apparition. Le jour suivant, j'attendis le courrier avec anxiété. A ma grande joie aucune lettre ne me fut remise ; mes craintes se dissipèrent, et je ne pensais plus à cette vision singulière, quand je vous ai aperçu à l'entrée du château. Alors, toutes mes pensées se sont réveillées, et je suis sûr que vous venez m'annoncer la mort de mon cher enfant ! » On peut imaginer l'étonnement du Dr Cox à ces paroles. Il

demanda à M. Weld s'il avait vu auparavant le
jeune homme en robe noire que Philippe
regardait avec un sourire de bonheur. « Jamais
« je ne l'ai vu, répondit mon père, mais ses
« traits sont si bien gravés dans mon esprit,
« que certainement je le reconnaîtrais, si je le
« rencontrais quelque part. »

« Le Dr Cox raconta alors à mon père toutes
les circonstances de la mort de son fils ; elle
avait eu lieu à l'heure précise où Philippe
nous était apparu ; nous ressentions une
grande consolation en pensant à cet air joyeux
que mon père avait remarqué sur le visage de
Philippe : il nous semblait l'indice de son
salut et de son bonheur éternel. »

« M. Weld se rendit aux funérailles de son
fils, et au sortir de l'église, il examina si quelqu'un des ecclésiastiques présents ressemblait
au jeune homme qu'il avait vu avec Philippe,
mais aucun ne lui offrit cette ressemblance.
Quatre mois plus tard, M. Weld alla visiter
son frère, M. Georges Weld, à Seagram Hall
(Lancashire). Un jour, il se rendit avec sa fille
Catherine au village voisin, à Chipping, et,
après avoir assisté au service divin, il demanda
à voir le prêtre chargé de cette église. Il dut
l'attendre quelque temps dans le salon, et se
mit à regarder les peintures qui en ornaient
les murs. Soudain, il s'arrête devant un
tableau qui ne portait point de nom visible, et
s'écrie : « Voilà celui que j'ai vu avec Philippe !
Je ne sais quel personnage est ici représenté,
mais je suis sûr que c'est là le compagnon de

mon fils ! » Le prêtre entra bientôt après, et lui dit que c'était l'image de saint Stanislas Kostka, et, ajouta-t-il, on la croit très ressemblante. — M. Weld fut vivement ému à cés paroles, car il savait que saint Stanislas était mort très jeune dans la Compagnie de Jésus, et que son fils avait pour lui une particulière dévotion. Il se rappela aussi que M. Weld, son père, avait été un grand bienfaiteur des Jésuites, et pensa que les saints de cet ordre protégeaient sa famille.

« Le prêtre offrit immédiatement ce tableau à mon père, qui le reçut avec une grande vénération, et le garda jusqu'à sa mort. »

Ajoutons à ce récit de Miss Catherine Weld qu'on lui demanda si elle avait eu quelque autre hallucination de ce genre ; elle répondit que c'était absolument la seule qu'elle eût jamais éprouvée.

Remarquons encore cette particularité : ici, ce n'est pas l'illusion d'un songe qui vient annoncer un fait passé au loin ; c'est en plein jour, sur une voie publique, une même vision qui apparaît simultanément à deux personnes, et le principal témoin est un noble père de famille qui agit et qui parle en conséquence de cette information.

Un autre récit publié à New-York, en 1898, présente un message télépathique communiqué à la fois en deux villes différentes.

Un matin, M. M... se réveille en sursaut, se dresse sur son lit, et bien que tout éveillé, se trouve dominé par une impression intense : il se voit en présence de son frère qui habite loin de là. Ce frère le salue et lui dit : « Je vais mourir, dispose de mes biens de la manière suivante, » et il lui explique comment ces biens doivent être répartis. La vision disparut, mais l'impression resta profondément gravée dans l'esprit de M. M... qui en fit part à sa femme. Peu d'heures après, un télégramme lui annonçait la mort de son frère, arrivée au moment même de la vision. M. M... partit de suite pour régler ses affaires : en route, il rencontre un autre de ses frères qui lui dit aussitôt : « Ce matin, j'ai eu l'esprit frappé d'une manière étrange : il me semblait être dans ta chambre, notre frère s'y trouvait avec nous, et nous disait : « Je vais mourir, disposez de mes « biens de telle manière... » — et ces instructions étaient celles-là mêmes qu'il avait données au premier. Arrivés au lieu du décès annoncé de la sorte, les deux frères apprirent de leur famille que peu de minutes avant de mourir, M. M... avait été quelque temps dans une sorte de délire, où il paraissait s'entretenir avec quelques personnes de la répartition de ses biens. — Ainsi par une double communication télépathique, toute cause de litige était prévenue (1).

II. — Les Systèmes.

A ces faits nous pourrions en ajouter une foule d'autres reconnus pour certains par des

---

(1) Récit publié à New-York par sir Austin, directeur d'un college, et reproduit par la *Civiltà*, 2 décembre 1899.

hommes de toute croyance et par des savants d'une prudence incontestée. Impossible donc de rejeter en bloc comme sans valeur, ces manifestations singulières. « Quand nous passons en revue les six cents cas rapportés dans notre livre (*Phantasms of the living*), disent MM. Gurney et Podmore, en considérant ces faits dont une large part nous a été fournie directement par des personnes que nous connaissons, nous ne pouvons douter que la réalité de ces communications à distance ne soit tôt ou tard généralement acceptée par les esprits non prévenus (1). »

Dans ces étranges phénomènes, ce n'est pas seulement une impression semblable au choc d'une étincelle électrique, ni même une série de vibrations qui sont transmises, mais toute une suite d'images et d'idées ; parfois des discours, des ordres, des scènes vivantes et expressives. Ce ne sont pas non plus de simples pressentiments (2), mais des indications nettes et précises, et ensuite on constate que ces informations répondent à des faits réels arrivés au moment même à grande distance. Quel est l'instrument de ces communications lointaines ?

Par quel intermédiaire les images, les pensées et les volontés sont-elles transmises aux

---

(1) *Proceedings of the Society for psychical research*, july 1884, p. 173.

(2) Trop souvent il survient des pressentiments qui ne sont nullement justifiés, ou qui s'expliquent par des circonstances, aussi les avons-nous soigneusement écartés.

personnes intéressées, parfois jusque dans un autre hémisphère ? Il y a là un problème troublant pour le positiviste qui ne veut rien reconnaître au delà de la matière, mais suggestif et intéressant pour tous.

Aux yeux des rationalistes, toute explication surnaturelle est écartée *a priori* ; c'est uniquement par les forces de la nature qu'ils veulent rendre compte des informations télépathiques. Mais, sur ce terrain, ils sont loin de s'entendre.

Les uns recourent à la clairvoyance que développe l'hypnotisme, ou à l'hypéresthésie causée par certaines maladies nerveuses. Les autres croient à l'intervention d'esprits semblables à ceux qu'évoque le spiritisme ; d'autres, affectant des allures plus scientifiques, admettent un fluide dont les ondulations vont porter au loin les dépêches cérébrales, à la manière du téléphone et du télégraphe. Disons quelques mots de ces diverses hypothèses.

On sait que dans certaines maladies, la sensibilité est exaltée au point de percevoir des objets insensibles à l'état ordinaire. De là, plusieurs médecins ont conclu que l'hyperesthésie nerveuse pouvait expliquer la vision des objets éloignés. Ainsi, en Italie, le Dʳ Giacchi, déclarait, en 1891, qu'à son avis la télépathie est le résultat d'une clairvoyance due à certaines conditions pathologiques (1).

___

(1) Dʳ Oscar Giacchi, *Télépathie* (extrait du *Raccoglitore medico*, Forlì, 1891, p. 8). *Civiltà*, 3 mars 1900, p. 516.

Mais cette explication ne cadre nullement avec les faits observés. Dans presque tous les récits publiés, les sujets informés des événemènts lointains ne sont pas des hystériques, des névropathes, mais des personnes fort bien portantes, qui jamais n'ont éprouvé de crise semblable à celles que l'on suppose.

Le Dr Giacchi nous offre lui-même un fait qui réfute cette théorie. « En 1853, dit-il dans un écrit publié à Reggio en 1893, j'étais étudiant à Pise, âgé de dix-huit ans. Tout alors me souriait, aucune pensée mélancolique ne venait troubler mes rêves d'avenir. Une nuit, le 19 avril, — était-ce en songe, ou presque éveillé ? — je vis mon père étendu sur un lit, le visage livide, et il me dit d'une voix éteinte : « Mon fils, donne-moi un dernier baiser ! » et il appliqua ses lèvres glacées sur ma bouche. Ce souvenir seul me fait encore frissonner. — Peu de jours auparavant, j'avais reçu d'excellentes nouvelles de mon père, et je ne voulus pas d'abord donner d'importance à cette vision, mais un pressentiment sinistre s'empara de mon âme avec une telle force, que le matin, sans écouter ni raisons, ni prières, je partis pour Florence (distante de Pise de 79 kil.), triste comme un condamné conduit au supplice. A peine avais-je franchi le seuil de notre demeure, que ma mère accourt à ma rencontre, tout en pleurs, et me dit què la nuit précédente, à l'heure même de ma vision, mon père avait été subitement emporté par une maladie de cœur (1). »

On le voit par ce récit du Dr Giacchi : rien de pathologique ne le disposait à cette singulière clairvoyance. Ainsi en est-il dans la plupart des faits observés : les personnes informées d'événements lointains sont dans un état normal, sans aucune trace de maladie nerveuse. (M. Giacchi lui-même a, depuis, adopté une autre explication dont nous parlerons plus tard.)

Impossible, pour des raisons analogues, de recourir à la vertu du sommeil hypnotique ou de la suggestion qui le provoque. Pour en obtenir les effets, il faut un sujet bien disposé sur lequel l'hypnotiseur exerce son empire ; il faut surtout l'action d'une volonté puissante qui s'impose au patient, et lui fasse exécuter ses ordres.

Dans les faits télépathiques on ne trouve aucune de ces conditions ; auprès du sujet informé, personne qui lui suggère ses volontés, rien qui le prépare à la clairvoyance de l'hypnose. Si vous dites : l'hypnotiseur est au point de départ, c'est le parent, l'ami, qui veut communiquer au loin ses pensées, voyez combien d'hypothèses gratuites vous devez faire : cet agent dont vous parlez est presque toujours un malade, un mourant, un faible enfant parfois ; comment pourrait-il exercer un pareil empire sur des personnes absentes,

(1) Cité par la *Civiltà cattolica,* 4 septembre 1899, p. 673.

qu'il n'a jamais hypnotisées? Comment pourrait-il communiquer ses pensées et ses ordres à grande distance et par un simple acte de sa volonté? Quelques hypnotiseurs, je le sais, ont prétendu se faire obéir de cette manière, mais d'autres maîtres en cette nouvelle science ne se reconnaissent pas ce pouvoir. Le Dr Braid, un des premiers initiateurs des recherches de l'hypnotisme, après vingt ans d'expériences, avouait n'avoir pu obtenir d'action lointaine par la seule volonté. — Si parfois le fait s'est produit, nous n'hésiterions pas à dire qu'il y a là un agent préternaturel, semblable à celui que les spirites ont à leur service.

Le spiritisme se pose de nos jours comme un moyen de communiquer avec les âmes des morts, et, par elles, d'acquérir des connaissances supérieures sur le problème de notre destinée.

Parfois aussi leurs médiums annoncent des événements qui se passent à l'heure même, à grande distance.

La *Civiltà cattolica* (3 février 1900) en cite un exemple que nous avons tout lieu de croire véritable : il est attesté par un spirite célèbre en Italie, le comte Baudi de Vesmes :

« Turin, 8 février 1899. — Le soir du 2 janvier 1898, nous étions autour d'une table pour faire nos expériences ordinaires. À peine eûmes-nous posé les mains sur cette table que trois coups avertisseurs se firent entendre. Nous demandâmes quel esprit était présent, et il nous fut répondu : « C'est l'archevêque de

« Naples, Vincent-Marie Sarnelli. » Étonnés
de cette réponse, nous dîmes alors : « Est-il
« mort ? — Oui. — Et quand cela ? — Aujour-
« d'hui. — Combien d'années a-t-il vécu ? » Et
la table frappa soixante-trois coups pour
indiquer soixante-trois années. Nous devons
faire observer que par les journaux nous
connaissions la maladie de l'Archevêque, mais
nous ignorions son âge et sa mort (1). »

Le comte Baudi de Vesmes rapporte deux
faits semblables arrivés en 1898 et 1899, et,
dirons-nous comme la *Civiltà*, nous n'avons
aucune raison de les révoquer en doute. Bien
d'autres informations de ce genre sont attestées
par des témoins d'une sincérité reconnue.

Faut-il les attribuer à des âmes séparées du
corps et passées à une autre vie ? Les spirites
le prétendent, et les esprits évoqués par leurs
médiums le déclarent. Mais si nous consultons
l'expérience universelle, les morts ne parlent
pas, et ne conservent plus de commerce *naturel*
avec les vivants. L'Église catholique nous
enseigne que l'âme des morts n'est point au
service d'une curiosité malsaine, et toujours
elle a défendu l'évocation des morts comme
une pratique superstitieuse.

Du reste, pour nous assurer que l'agent de ces
communications spirites est un esprit mauvais,
il suffit de parcourir les publications des spirites eux-mêmes. Allan Kardec, un de leurs
principaux écrivains, reconnaît qu'il est diffi-

---

(1) *Civiltà*, février 1900, p. 281-282.

cile de croire les esprits évoqués sur leur propre nature. Un autre chef de la secte, Éliphaz Lévi (1), a des aveux semblables. Les esprits ainsi consultés renient les dogmes de la religion chrétienne, l'enfer surtout, et l'éternité des peines ; parfois ils se permettent des propos obscènes, des récits mensongers, ou capables de troubler la paix des familles. Souvent la folie et le suicide sont la conséquence des pratiques spirites. Eñ 1887, à Lyon, dans une seule maison de santé, on comptait quarante personnes atteintes d'aliénation mentale par suite de ces évocations. En Amérique, il y a vingt ans, le sixième des cas de folie et de suicide étaient dus à la même cause (2).

On peut donc conclure avec le Dr Dunand : « Derrière ce que Mesmer et ses disciples ont nommé le magnétisme, se cachent les démons ; » et le baron du Potet, après une longue pratique du spiritisme, fait le même aveu : « Je ne croyais pas au diable, dit-il, mais mon scepticisme a fini par être vaincu (3). »

M. Alexandre Aksakoff, directeur d'une revue paraissant à Leipzig (*Etudes psychiques*), n'a cessé, depuis quarante ans, d'étudier les phénomènes du spiritisme ; il a réuni des milliers de témoignages, constaté des effets physiques qui se produisent sans la participation

---

(1) *La Clef des grands Mystères*. Paris, 1864, p. 264.

(2) P. Lescœur, *Annales de Philosophie chrétienne,* février 1896.

(3) P. de Bonniot, *le Miracle et ses contrefaçons ; la Controverse,* t. III, p. 264, 266.

du médium, et des manifestations d'ordre in tellectuel qui « nous obligent à reconnaître une force intelligente extérieure au médium. » Il a vu par lui-même que les phénomènes attribués au spiritisme sont bien réels, mais il ajoute : « Je crois que tout observateur sensé est frappé de deux faits incontestables : l'automatisme évident des communications spirites, et *l'impudente fausseté* tout aussi évidente de leur contenu. Les grands noms dont elles sont souvent signées sont une preuve que ces messages ne sont pas ce qu'ils ont la prétention d'être. » M. Aksakoff dans ses révélations cherchait la lumière sur le problème de l'avenir, mais « la solution ne venait pas ; au contraire, la banalité des communications, le caractère mystificateur et mensonger de la plupart de ces manifestations ne faisaient qu'aggraver les difficultés du problème (1). »

Ce n'est donc pas au spiritisme qu'il faut demander l'explication *naturelle* des informations télépathiques ; celles qu'il obtient sont dues à un agent supérieur, mais à un esprit mauvais.

Du reste, les messages dont nous voulons parler sont d'une classe toute différente : ils ne sont pas *provoqués*, demandés à l'intervention d'un médium, mais spontanés et communiqués à des personnes qui n'y songent en aucu_ e manière.

Comment sont-ils transmis ? Aux systèmes

(1) P. Lescœur, *Annales de Philosophie chrétienne*, mai 1899, p. 149, 156.

écartés déjà, on pourrait en joindre quelques autres plus ou moins fantaisistes, par exemple, l'hypothèse d'un corps astral, ou d'un *périspirit*, qui se séparerait de l'agent, source du message, et s'en irait trouver la personne qui le doit recevoir. Un tel intermédiaire, lien subtil entre l'âme et le corps, qui l'a vu ? Qui jamais en a positivement constaté l'existence ? Comment l'agent pourrait-il vivre sans ce nexus vital ? Comment ce médium pourrait-il voyager lui-même sans le corps et sans l'âme qu'il doit unir ? — Laissons donc le périspirit à quelques utopistes du spiritisme, et cherchons ailleurs des explications plus scientifiques.

Il y a plus d'un siècle, pour rendre compte du magnétisme animal et de ses effets, Mesmer invoquait l'action d'un fluide répandu dans l'univers, et servant d'intermédiaire entre les être animés comme entre les corps célestes : « Les mouvements modifiés par la pensée dans le cerveau et dans la substance des nerfs étant communiqués à la série d'un fluide avec lequel cette substance est en continuité, peuvent s'étendre à des distances infinies, et se rapporter au sens interne d'un autre individu (1). »

Ainsi, disait Mesmer, les sujets magnétisés sont *mis en rapport*.

Plusieurs savants occupés aujourd'hui à l'étude des phénomènes télépathiques, recourent à l'action d'un fluide analogue.

(1) Mémoire de Mesmer sur ses découvertes, 1778 ; nouvelle édition, Paris, 1828, p. 17.

Le docteur Liébeault, de la Faculté de Nancy, écrivait en 1891 :

« Je ne crains pas d'émettre l'hypothèse que, si dans certains états organiques, les sens et le cerveau de l'homme reçoivent des impressions plus vives et élaborent des opérations intellectuelles plus complexes que d'habitude, ces organes peuvent dans les mêmes états, surtout chez quelques sujets très sensitifs, être susceptibles de fonctionner avec une délicatesse plus grande qu'on ne l'a soupçonné encore. Par exemple, si l'on admet, avec quelques esprits non prévenus, que des vibrations transmises par contact, entre endormeurs et somnambules, sont non seulement saisies, mais comprises par ces derniers, on ne doit pas être éloigné de croire que, comme pour un grand nombre de phénomènes physiques acceptés de tous, des ondulations, vrais prolongements de ces vibrations, ne puissent se transmettre par l'air, puis être ensuite ressenties et interprétées à de grandes distances par des sujets éminemment nerveux (1). »

M. l'abbé Gayraud a proposé et soutenu une explication semblable devant la *Société des sciences psychiques* (séances de janvier 1896) Il est un milieu matériel par lequel, dans notre commerce de tous les jours avec les hommes, l'image visuelle passe pour devenir image cérébrale : « Pourquoi donc, dit-il, n'existerait-il pas un milieu plus subtil, capable de

---

(1) D' Liébeault, *Thérapeutique sugge ·e*, 1891, p. 279.

transmettre directement au dehors les actions psycho-physiologiques exercées dans le cerveau par des images d'une grande intensité ?... Je regarde donc comme *possible* — je ne dis pas comme *réelle* — l'existence d'un tel milieu (1). »

Après avoir rapporté cette explication des faits télépathiques, le D\(^r\) Surbled ajoute ces justes réflexions : « La science ne s'édifie pas sur des possibilités, mais sur des faits. Aucun fait ne démontre l'existence d'un milieu matériel spécial plus ou moins subtil, capable de transmettre les images d'un cerveau à l'autre. L'action transmissive de l'image cérébrale ne saurait d'ailleurs être un *mouvement* physique, si l'on s'en rapporte aux derniers travaux de neurologie. Enfin — et c'est l'objection fondamentale, irréductible, — la *direction volontaire* vers un cerveau donné, acceptable pour la suggestion mentale, *n'existe pas dans la télépathie :* l'impression télépathique est subite, inattendue, échappe à toute prévision, et rien n'explique comment « le courant psychique » supposé part d'un cerveau pour aboutir à un autre cerveau déterminé, plutôt qu'à tels ou tels autres, car les parents ou les amis de la personne souffrante ou mourante sont nombreux, et *un seul* est l'objet de la communication télépathique (2). »

M. le D\(^r\) Surbled fait également bonne justice des effluves magnétiques par lesquelles se

---

(1) *La Quinzaine*, 1896, p. 20-28.
(2) *Revue du monde invisible*, 15 juin 1898, p. 21.

produirait *l'extériorisation* de la sensibilité, ou d'un *od* quelconque capable de s'emparer de la sensibilité d'un sujet pour la transporter à distance. Il faut une foi robuste, dit-il, pour croire que la sensibilité d'une personne puisse sortir de son corps, voyager au loin par ondes successives. Encore exige-t-on que le sujet dont la sensibilité se met de la sorte en campagne « soit plongé dans une hypnose profonde ; or, dans la généralité des cas, la télépathie ne suppose ni hypnose profonde, ni hypnose commune ou légère ; elle réclame l'état vigil et conscient (1). »

On n'abandonne pas, cependant, l'idée d'expliquer les faits à l'aide d'un milieu capable de transmettre des vibrations, et par suite des images cérébrales.

On a même cru trouver dans la télégraphie sans fils l'indice ou l'image du procédé qui peut relier entre elles les intelligences séparées par de grandes distances.

Un savant Anglais, connu par ses travaux et ses découvertes, le professeur William Crookes, fit l'exposé de cette théorie dans une conférence publique vers la fin de 1898.

Voici quelques-unes de ses idées (2) :

« La télépathie, dit-il à ses auditeurs, ou la transmission des pensées et des images d'un esprit à un autre sans l'intermédiaire des or-

---

(1) *Revue du monde invisible*, I, p. 22.
(2) Extrait de la *Civiltà*, 2 juin 1900, p. 542 et suiv.

ganes corporels, est une conception nouvelle, et déjà elle a conquis un certain crédit. Pour l'expliquer, rappelons-nous la manière dont se transmettent la plupart des phénomènes sensibles.

C'est par les vibrations de l'air ou d'un autre milieu pondérable que se propagent les sons avec leurs notes et leurs nuances diverses. D'autres vibrations se produisent dans l'éther ; celles qui se manifestent à nous sous forme d'électricité dépassent le nombre de trente-trois milliards par seconde ; celles que perçoivent nos yeux, sous forme de lumière, varient dans le même temps de quatre cent cinquante à sept cent cinquante trillions. Les vibrations qui produisent les rayons Rœntgen sont encore plus rapides ; et, puisque ces rayons traversent des milieux de diverse nature, ne peut-on pas en admettre d'autres capables de franchir une foule d'obstacles, et de porter au loin des dépêches cérébrales ? C'est là, dit M. Crookes, l'unique hypothèse scientifique qui puisse expliquer les phénomènes télépathiques, et qui le fasse sans recourir à des agents surnaturels.

Qui puisse les expliquer ? — Non, dirons-nous, comme la *Civiltà cattolica* (1), non sans faire une foule d'hypothèses gratuites, non sans se butter à des impossibilités.

Vous supposez un agent capable d'émettre des rayons qui parviennent à d'énormes dis-

---

(1) *Civiltà cattolica*, 2 juin 1900, p. 50 et suiv.

tances, parfois dans un autre hémisphère ; le
cerveau d'un malade, d'un mourant peut-il
déterminer un tel ensemble de vibrations,
tandis que nul homme en pleine vigueur ne
possède une telle puissance ?

Vous comparez les ondulations d'un certain
fluide magnétique à celles que détermine
l'étincelle électrique ; vous les supposez
capables de rayonner par monts et par vaux,
et de traverser mille obstacles ; mais, parmi
les corps interposés, ne s'en trouvera-t-il
aucun qui puisse arrêter l'onde vibrante ou la
faire dévier comme on le voit pour les ondes
hertziennes ? Si, comme il est plusieurs fois
arrivé, le message vient d'un autre hémisphère,
le rayon devra traverser une grande partie du
globe terrestre et pénétrer jusque dans ses pro-
fondeurs, et ce sera le cerveau d'un mourant
qui produira ces merveilles !

Ce n'est pas tout : comment le message arri-
vera-t-il à destination ? Ce n'est pas l'agent
émetteur qui le dirige : presque toujours cet
agent ignore le lieu précis où se trouve la personne qui doit être informée, et cependant l'information parvient directement au sujet inté-
ressé, en quelque lieu qu'il se trouve, loin de
sa demeure, sur une route quelconque, ou dans
une hôtellerie.

A cela, vous répondrez sans doute que les
rayons télépathiques se propagent dans tous
les sens, et peuvent toujours atteindre la personne intéressée. — Soit, mais dans leur mar-
che ondulatoire, ces rayons rencontrent des

milliers de personnes aussi rapprochées, et cependant une seule les remarque et les comprend, sans que les autres en perçoivent le moindre indice. Direz-vous que le sujet informé présente une disposition spéciale, un cerveau qui vibre à l'unisson du principe émetteur? Comment se fait-il que sur des milliers de cerveaux humains, sur des millions peut-être compris dans la même sphère d'action, pas un seul autre ne présente cette sympathique disposition? C'est là, sans doute, une hypothèse absolument invraisemblable dont rien ne peut vérifier la valeur.

Encore est-il une foule de messages parfaitement attestés qui ne peuvent nullement se transmettre par un pareil procédé.

Un télégraphe peut déterminer au loin des vibrations analogues à celles que l'on excite; mais nul appareil de ce genre ne saurait reproduire des tableaux, des scènes vivantes, et cependant, les informations télépathiques nous montrent des personnes qui apparaissent, qui parlent, qui agissent comme si elles étaient présentes. Ainsi, le Dr Giacchi voit son père mourant, il l'entend, il reçoit un baiser de ses lèvres glacées. M. M .., sur le point de mourir, apparaît à ses deux frères éloignés l'un de l'autre et leur déclare ses dernières volontés.

Ce qui est plus inexplicable encore, dans le système proposé par M. Crookes, c'est la différence qui existe entre la scène du point de départ et celle d'arrivée. On concevrait, à la rigueur, un appareil reproduisant l'image d'une réalité matérielle comme une sorte de photographie, mais ici, bien souvent l'image reçue est toute différente du spectacle initial. Dans l'histoire de Philippe Weld, nous voyons, au départ, un jeune homme qui périt dans les flots ; au point d'arrivée, ce jeune homme apparaît à son père et à sa sœur marchant d'un pas alerte avec un visage respirant le bonheur.

Une foule d'autres informations télépathiques présentent ces différences plus ou moins accentuées.

Le 22 décembre 1883, le général Fytche, de l'armée anglaise aux Indes, écrivait au professeur Sydgwick, directeur de la Commission psychique à Londres : « J'avais vécu dans la plus étroite amitié avec un vieux camarade d'école qui avait été ensuite mon ami à l'Université ; cependant des années s'étaient écoulées sans que nous nous fussions revus. Un matin, je venais de me lever et je m'habillais, lorsque tout à coup, mon vieil ami entra dans ma chambre. Je l'accueillis chaleureusement, et je lui dis de demander une tasse de thé sous la véranda, lui promettant de le rejoindre immédiatement. Je m'habillai en toute hâte, et j'allai sous la véranda, mais je n'y trouvai personne. J'appelai la sentinelle placée devant la maison, mais elle n'avait aperçu aucun étranger. Les domestiques aussi m'assurèrent qu'ils n'avaient vu entrer personne. J'étais certain pourtant d'avoir vu mon ami, je l'avais vu dans la pleine lumière du jour, je puis le

déclarer sous la foi du serment. — Quinze
jours après, je reçus la nouvelle qu'il était mort
à six cents milles de là, au moment même où
je l'avais vu, ou presque à la même heure (1). »

Sans doute une telle visite n'est pas la simple représentation d'une personne qui meurt à
ce moment-là.

Nous trouvons une différence encore plus
grande entre l'apparition transmise et la réalité dans un fait rapporté par la *Civiltà cattolica*.

Le P. Francesco Salis-Sewis, un des rédacteurs de cette revue, mourut à Gênes en
l'année 1898.

Peu de jours après sa mort, on reçut dans
cette ville une lettre datée de Versailles : une
dame française dont le P. Salis-Sewis avait
été le directeur, demandait avec anxiété des
nouvelles de ce père. Elle l'avait vu de ses
yeux, vêtu comme à l'ordinaire, marchant à
bons pas dans une des rues de la ville qu'elle
habitait. Elle avait craint d'abord une méprise,
mais le Père passa si près d'elle qu'elle put se
dire avec assurance : C'est lui ! Cependant sans
la regarder, sans rien dire, le Père continua
sa route et disparut. La dame avait noté
l'heure de cette vision : c'était précisément
celle où le P. Salis expirait.

Ici encore ce n'est pas une photographie de
la scène initiale qui va se produire au loin.
Comment les vibrations d'un fluide pourraient-

---

(1) Extrait des *Hallucinations télépathiques*.

elles transformer ainsi l'image et l'expression des faits ?

Impossible donc d'expliquer par de simples ondulations une foule de messages télépathiques. Elles ne peuvent faire apparaître comme des réalités vivantes des personnes qui sont dans un pays éloigné.

Nul intermédiaire purement physique ne suffit à de pareilles communications ; il faut un autre agent, un agent spirituel pour dicter ainsi des pensées et des ordres, capable aussi d'agir sur les sens de la personne informée pour être visible à ses yeux.

III. — LA RAISON DES FAITS ET LEUR SIGNIFICATION.

Cet agent, quel est-il ? Nous ne prétendons pas le déterminer pour tous les cas proposés, mais quant aux messages où des informations précises sont portées à des personnes éloignées qui ne les attendent nullement, nous pensons avec les écrivains de la *Civiltà Cattolica* que ces effets ne sont pas dus aux forces naturelles de l'homme.

Sans une disposition particulière de Dieu, dit cette Revue (21 novembre 1899, p. 548), l'esprit humain ne peut devenir l'agent de la télépathie, parce que l'âme humaine n'est unie d'une manière substantielle qu'aux organes de son propre corps, et elle ne peut s'en séparer pour aller au loin exercer son action physique immédiate. Selon la doctrine commune des théologiens et des philosophes chrétiens, doctrine confirmée par une expérience universelle, ni pendant la vie présente, ni après la mort, l'âme humaine n'a le pouvoir naturel d'agir à distance comme elle le ferait dans les informations télépathiques. »

Cette appréciation est partagée par un éminent cardinal dont le savoir et les fonctions rehaussent singulièrement l'autorité.

Mgr Satolli, préfet de la Congrégation romaine des Etudes, écrivait dernièrement à Mgr Méric, directeur de la revue du *Monde invisible* au sujet de ces communications lointaines :

« Vous avez lu certainement les articles de la *Civiltà Cattolica*. Quant à moi, je suis convaincu qu'il est impossible de trouver l'explication de ces phénomènes de télépathie dans une hypothèse fondée sur des lois de la nature physique ou physiologique. Les philosophes et les prétendus savants qui présument en donner une explication naturelle commettent une erreur très grave. Ils se trompent aussi bien dans leur conception de quelques principes généraux que dans l'application qu'ils en font aux faits constatés (1). »

Il faut donc chercher ailleurs que dans nos forces naturelles l'explication des phénomènes télépathiques. Viennent-ils de Dieu directement, ou d'agents supérieurs à notre nature ? Nous l'avons dit en parlant du spiritisme, s'il

---

(1) Lettre reproduite par le journal *la Croix,* 17 oct. 1900.

s'agit d'informations provoquées par l'action d'un médium, la chose n'est pas douteuse, elles sont dues à des esprits trompeurs, et l'Église condamne hautement ces pratiques superstitieuses.

Mais dans les cas de télépathie spontanée dont nous nous occupons, rien d'ordinaire ne trahit l'action d'un esprit mauvais ; souvent même on y découvre l'influence d'une cause honnête ou providentielle.

Ici, c'est la paix d'une famille que le message doit assurer. Un homme sur le point de mourir apparaît à ses frères et leur intime ses dernières volontés ; il prévient ainsi toute cause de litige au sujet de son héritage.

Là, c'est le dernier adieu d'un parent, d'un ami, qui vient témoigner son affection, et réveiller des pensées salutaires.

Parfois, c'est un service rendu par une personne aimée, au milieu du danger. Nous lisons un fait de ce genre dans les *Annales des Sciences psychiques*, juillet 1895.

Un jeune Polonais de la Garde marine russe se trouvait dans sa famille, à Paulowsk, non loin de Saint-Pétersbourg, quand il reçut l'ordre de se rendre à bord. En faisant ses adieux aux siens, il se recommanda spécialement à sa sœur bien-aimée, et la pria de penser à lui, disant que ce souvenir lui porterait bonheur. Un mois plus tard, vers huit heures du soir, cette jeune fille tomba évanouie : lorsqu'elle reprit connaissance, elle raconta qu'elle s'était sentie transporter en mer au milieu d'une tempête, qu'elle avait vu son frère luttant contre les flots avec des efforts désespérés, et venant butter contre un rocher où sa tête fut ensanglantée. Le jour suivant on reçut un télégramme du jeune marin ainsi conçu : « Je suis vivant, je rends grâce à ma sœur, elle me reverra bientôt. » On ne comprit pas d'abord la raison de ce message, mais le lendemain on apprit par les journaux que le navire où se trouvait le jeune Polonais avait sombré près de l'île d'Aland. A son retour, le jeune homme raconta qu'au moment du naufrage, lorsqu'il n'avait plus la force de lutter contre les flots, il s'était vu secourir par un fantôme blanc dans lequel il reconnut sa sœur. Celle-ci l'avait conduit dans une direction inconnue jusqu'au moment où il sentit une violente douleur de tête et s'évanouit. Sa tête était blessée, mais il fut recueilli et secouru par des pêcheurs ; ainsi fut-il sauvé, seul de tout l'équipage.

Ne serait-ce pas la prière fervente de la jeune Polonaise qui avait obtenu pour son frère cette insigne protection ?

D'autres faits ont une signification plus haute encore et font entrevoir la destinée de l'homme après la mort.

Nous avons rapporté l'histoire de Philippe Weld apparaissant plein de joie à son père et à sa sœur ; et nous avons dit quelle conviction cette vue fit naître dans leur âme au sujet de son sort éternel.

Un autre fait, rapporté par MM. Gurney

Myers et Podmore, a pour nous le même sens.

En 1870, Mme Hosmer, sculpteur distinguée, habitait à Rome, rue Babuino, avec une autre Anglaise de ses amies. Elle avait dû congédier une femme de chambre atteinte d'une maladie incurable ; mais, comme elle l'aimait, elle allait souvent la voir en faisant ses promenades quotidiennes. Dans une de ses visites, Rosa, cette servante, lui parut aller mieux et lui exprima le désir d'avoir une bouteille d'un certain vin. Mme Hosmer lui promit gracieusement de satisfaire sa demande. La nuit suivante, 'cette dame reposa fort bien, mais, de grand matin, elle se réveille soudain, tout effrayée, croyant qu'une personne est entrée dans sa chambre, soigneusement fermée à clef. — « Qui est là ? » s'écrie-t-elle. Pas de réponse, pas d'autre bruit que le battement de l'horloge qui sonna cinq heures. Au même instant, Rosa lui apparut souriante, debout au pied de son lit, et lui dit en italien : « Maintenant, je suis contente, je suis heureuse ! » — Et elle disparut.

Mme Hosmer n'était plus troublée : rien n'était effrayant dans cette vision ; mais elle fut intimement persuadée que Rosa était passée à une autre vie. Elle fit part de l'incident à l'Anglaise son amie, et, le jour venu, elle se hâta d'envoyer un exprès à la demeure de Rosa pour s'informer de son état. Bientôt le messager revint lui dire que la jeune fille était morte à cinq heures du matin, donc au moment où la vision s'était montrée (1).

(1) M. Marillier, *les Hallucinations télépathiques*, p. 171.

Le récit abrégé, traduit de l'anglais, ne dit pas si Mme Hosmer était catholique ; la jeune Rosa devait l'être, car elle était née près de Rome. C'était une bonne fille qui avait su gagner l'affection de sa maîtresse, et nous serions porté à croire, dit l'écrivain de la *Civiltà Cattolica*, que cette âme, parvenue à une vie meilleure, venait remercier sa bienfaitrice, et l'inviter doucement à la suivre dans la voie qui l'avait conduite au bonheur.

Une conclusion semblable se dégage plus clairement d'un fait arrivé en Belgique et rapporté par la *Civiltà* (19 août 1899, p. 416) :

Un enfant se trouvait malade à Gand, lorsque sa mère mourut subitement à Bruxelles. Au moment où elle expirait, elle apparut à son fils, le visage respirant le bonheur, et l'invita à venir la rejoindre au ciel. Le gardien de l'enfant, « celui-là même qui nous a raconté le fait, » dit l'écrivain de la *Civiltà*, voyant le petit malade converser avec un personnage invisible, crut qu'il était en délire et tint peu compte de ce qu'il rapporta ; mais, peu de temps après, un télégramme annonçait la mort imprévue de cette dame, arrivée au moment où elle adressait la parole à son fils. Celui-ci ne tarda pas à mourir lui-même, comme un prédestiné, et parut ainsi répondre à l'invitation de sa pieuse mère. — A nos yeux, dirons-nous avec la *Civiltà*, ce cas de télépathie n'a pas besoin de commentaire.

Bien d'autres faits analogues pourraient être

cités, et l'histoire en a consigné quelques souvenirs.

Dans ses *Mémoires sur la Vie de sainte Jeanne de Chantal*, Françoise-Madeleine de Chaugy rapporte la mort tragique du baron de Chantal, mari de la sainte, et elle ajoute : « A même temps que ce brave seigneur expira, son père, qui était malade à douze lieues de là, vit passer dans sa chambre une troupe de jeunes jouvenceaux fort gracieux et vêtus à l'angélique, qui menaient en certaine contrée fort éloignée le baron de Chantal, lequel, s'approchant de lui, lui donna un petit coup sur l'épaule, comme lui disant adieu. Le bon vieillard s'éveilla en pleurant, et dit : « Mon fils de Chantal est mort ! » L'on fit promptement partir un homme, lequel en trouva un autre en chemin qui venait annoncer cette nouvelle ; et, ayant diligemment supputé l'heure du décès, on trouva que c'était justement alors que le père avait eu cette vision (1). »

Ces derniers faits ont un sens assez clair : sans doute ils sont dus à la bonté divine qui veut consoler les âmes et les encourager par l'assurance du bonheur futur ; aux fidèles catholiques, ils rappellent le dogme de la communion des saints, et la société intime qui unit les chrétiens, même avec ceux qui sont passés à une vie meilleure.

D'autres manifestations posthumes jettent

(1) *Mémoires de la Mère de Chaugy, Œuvres de sainte Jeanne de Chantal*, I, p. 33.

une lueur sinistre sur le sort de ceux qui se rient des enseignements divins et des prescriptions de l'ordre moral. Mgr de Ségur, dans un de ses opuscules qui ont rendu sa renommée universelle, en rapporte plusieurs au sujet desquelles il se montre parfaitement informé.

« Le premier fait, dit-il, s'est passé presque dans ma famille. C'était en Russie, peu de temps avant la campagne de 1812. Mon grand-père, le comte Rostopchine, gouverneur militaire de Moscou, était fort lié avec le comte Orloff, aussi impie que brave. Un jour, à la suite d'un souper fin arrosé de copieuses libations, le comte Orloff et un de ses amis, le général V..., voltairien comme lui, s'étaient mis à se moquer de la religion, et surtout de l'enfer : — « Et si par hasard, dit Orloff, il y avait quelque chose de l'autre côté du rideau ! — Eh bien, repartit le général V..., celui de nous deux qui s'en ira le premier reviendra en avertir l'autre. — Excellente idée ! » répondit Orloff, et tous deux se donnèrent leur parole d'honneur de ne pas manquer à leur engagement.

« Quelques semaines après, l'armée russe entra en campagne, et le général V... reçut l'ordre de la rejoindre pour un commandement supérieur.

Il avait quitté Moscou depuis deux ou trois semaines, lorsqu'un matin, de très bonne heure, pendant que mon grand-père (Rostopchine) faisait sa toilette, la porte de sa chambre s'ouvre brusquement ; c'était le comte Orloff en robe de chambre, en pantoufles, les cheveux hérissés, l'œil hagard, pâle comme un mort. « Quoi ! Orloff, dit Rostopchine, c'est vous, à cette heure, et dans un pareil costume ! Qu'avez-vous donc, et qu'est-il arrivé ? — Mon cher, répond le comte Orloff, je crois que je deviens fou ; je viens de voir le général V... — Le général V... est donc revenu ? — Eh non ! répond Orloff en se jetant sur un canapé et en se prenant la tête à deux mains, non, il n'est pas revenu, et c'est là ce qui m'épouvante. »

Mon grand-père n'y comprenant rien, demande des explications, et le comte Orloff lui dit : « Il y a quelque temps, V... et moi nous nous étions juré que le premier de nous qui mourrait viendrait dire à l'autre s'il y a quelque chose de l'autre côté du rideau. Or, ce matin, il y a une demi-heure à peine, j'étais tranquillement dans mon lit, ne pensant nullement à mon ami, lorsque tout à coup, les rideaux de mon lit se sont brusquement ouverts, et je vois à deux pas de moi le général V..., debout, pâle, la main droite sur sa poitrine, me disant : « Il y a un enfer, et j'y suis ! » — et il a disparu. Je suis venu vous trouver de suite. Ma tête part ; quelle chose étrange ! » — Mon grand-père le calma comme il put, puis fit atteler ses chevaux et le reconduisit à son hôtel. Or, dix ou douze jours après cet incident, un courrier de l'armée apportait à mon grand-père, entre autres nouvelles, celle de la mort du général V... Le matin même du jour où le comte Orloff l'avait vu et entendu, à la même heure où il lui était apparu à Moscou, l'infortuné général, sorti pour reconnaître la position de l'ennemi, avait eu la poitrine traversée par un boulet et était tombé raide mort (1). »

D'autres informations télépathiques nous font entrevoir des perspectives plus consolantes. Nous avons rappelé l'apparition du baron de Chantal à son vieux père : elle montrait assez clairement son départ pour une patrie meilleure.

Voici un fait plus récent dont le récit nous a été communiqué par la personne même à qui il arriva (2).

Le 21 juin 1870 eut lieu dans la ville de Tien-Tsin, en Chine, le massacre d'un grand nombre de Français, et parmi les victimes se trouvaient dix Sœurs de la Charité. En France, à cette époque, les nouvelles venues de Chine étaient satisfaisantes, et rien ne faisait prévoir ce tragique événement. Cependant, au moment où il se passait, Mme V..., belle-sœur d'une des victimes, eut un double songe, le premier très pénible, où elle se sentait étouffer dans un douloureux cauchemar ; le second, au contraire, accompagné d'une douce sensation de bonheur. « Il me sembla, écrit cette dame, que je levais les yeux au ciel, et que j'y voyais

---

(1) Mgr de Ségur, opuscule sur l'*Enfer*, 37ᵉ édition, p. 35 et suiv.

(2) Mère de famille, occupée alors par l'éducation de quatre jeunes enfants, cette dame n'était nullement disposée aux illusions de l'imagination.

monter une personne très gracieuse dont la figure était entourée de lis et de roses blanches ; elle me souriait, semblait vouloir me parler, et comme je l'admirais toujours et la suivais du regard, je l'entendis me dire : « Eh comment ! tu ne me reconnais donc pas ? Je suis ta sœur Pauline ! » Et à l'instant, la vision me parut revêtue de l'habit des sœurs de Saint-Vincent de Paul, toujours entourée de lis et de roses blanches ; je reconnus alors très bien son doux visage transfiguré, d'une beauté céleste. Elle me dit encore : « Tu pourras me demander ce que tu voudras, je suis au ciel maintenant. » Et peu à peu la vision disparut. J'avais vu très distinctement la tête et les épaules, le reste était nuageux, aérien. La vision me laissa quelque temps dans un état de joie et de bonheur inexprimable ; il me fallut un certain effort pour revenir aux réalités matérielles de l'existence ; je ne voyais qu'une chose : Pauline au ciel ! Puis, avec la réflexion, je me dis que pour aller au ciel, elle avait dû mourir ; je compris alors que ce que j'avais souffert (dans le premier songe) était l'image de son martyre, et je ne doutai pas un instant de sa mort et de son entrée au ciel. Je racontai tout à ma mère qui partagea mes croyances à cet égard. »

Ce fut seulement longtemps après, au mois de septembre suivant, que parvint en France la nouvelle officielle du massacre de Tien-Tsin, et de la mort de cette Sœur de Charité.

Un autre récit analogue nous arrivait tout dernièrement de l'Amérique du Nord. Le Père

Augustin Dimier, missionnaire aux Montagnes Rocheuses, écrivait en juin 1900 au rédacteur des *Lettres de Jersey :*

« Les *Nez-Percés* sont une tribu indienne des Montagnes Rocheuses. Ils ont été bien lents à se convertir, mais les nouveaux baptisés sont, par leur constance et leur ferveur, la consolation du missionnaire.

« Joséphine, jeune Indienne de cette tribu, fut envoyée par ses parents chez les Sœurs chargées d'instruire les jeunes filles de cette nation. Elle y resta plusieurs années, et fit preuve d'une piété au-dessus de l'ordinaire. Vers l'âge de dix-sept ou dix-huit ans, elle retourna chez ses parents à l'époque des vacances. Son père lui trouva un parti avantageux ; Joséphine refusa, et obtint d'aller à l'école encore une année. Vers le mois de juin elle tomba malade pour la première fois de sa vie. Une fièvre l'emporta en peu de jours ; elle mourut de la manière la plus édifiante, avec un grand calme de conscience.

« Le père, la mère et tous ses parents résidaient dans leur tribu, à une distance de cent kilomètres pour le moins. Le jour même, et peut-être au moment de la mort, une vieille tante convertie annonça à toute la parenté que Joséphine n'était plus de ce monde, qu'elle l'avait vue monter au ciel, et elle raconta sa vision. Ces braves gens, païens convertis, ne savaient qu'en croire, lorsque leur parvint la nouvelle de la mort. »

« Un mois après, ajoute le P. Dimier, les Sœurs nettoyant leur chapelle, trouvèrent sous

une statue de la Sainte Vierge une lettre de
Joséphine demandant à Notre-Dame la grâce
de mourir à l'école, et de garder la virginité
qu'elle avait consacrée à Dieu La lettre avait
été écrite au mois de mai. » En juin, la grâce
fut accordée.

IV. — LE SECRET DE L'AU-DELA.

Ces faits, et beaucoup d'autres semblables
que nous pourrions rapporter, nous font entrevoir quelque chose de l'avenir réservé à l'âme
humaine ; mais il en est d'autres qui projettent
une lumière bien plus complète sur cette question, la plus importante que l'homme puisse se
poser.

On les trouve dans la vie des saints des derniers siècles les mieux connus. Nous en rappel-
lerons quelques-uns ; ce sont aussi des informations télépathiques, et nous dirons sur quels
témoignages s'appuie leur valeur.

La première vie de saint François d'Assise
fut écrite moins de deux ans après sa mort par
Thomas de Celano, qui avait vécu avec le Saint
pendant plusieurs années, et l'avait beaucoup
observé. Les auteurs franciscains placent
Celano parmi les Bienheureux, et son récit
dénote un esprit plein de réserve et de sincérité.

---

(1) *Lettres de Jersey*, 1ᵉʳ mars 1901, p. 107-8.

Celano assista à la mort de saint François, le 3 octobre 1226. « Au moment où il expirait, dit-il, un de ses meilleurs compagnons, le Fr. Augustin, provincial de la terre de Labour, se trouvait à toute extrémité ; déjà il avait perdu la parole. Tout à coup, il sembla sortir d'un profond sommeil, et s'écria : « O mon père ! ô mon père ! attendez-moi, je m'en vais avec vous ! » Les frères assemblés près de sa couche, lui demandèrent à qui il parlait : « Vous ne voyez donc pas, leur répondit-il, notre père François qui va au ciel ! » A l'instant, son âme se détacha de son corps, et suivit celle de son père (1).

Le Saint apparut aussi en ce moment à l'évêque d'Assise qui toujours avait été son protecteur. Ce prélat le savait malade, et il revenait du Mont-Gargan pour le revoir encore. Il était à Bénévent, quand le Saint pour le remercier de ses services, se présenta à lui et lui dit : « Mon père ! je quitte ce monde, et je vais à Jésus-Christ. » L'évêque raconta sa vision à ceux qui l'accompagnaient, et à son arrivée, il reconnut par une exacte information, qu'elle avait eu lieu à l'heure même de la mort du Saint (2).

Au xvɪᵉ siècle, nous trouvons dans la vie de saint Philippe de Néri des manifestations semblables (1515-1595.) D'après le récit de ses his-

---

(1) Celano, 1. II, p. 270, rapporté par l'abbé Le Monnier, *Histoire de saint François d'Assise*, t. II, p. 417.

(2) Celano, l. II, *ibid.*

PHÉ⁴ᵐ TÉLÉP.

toriens et des témoins qui déposèrent au procès de sa béatification, il vit plusieurs fois, sous une forme sensible, les âmes de ses amis ou de ses disciples monter au ciel au moment de leur mort.

Ainsi en 1547, Marc Tosini, homme d'une grande piété lui apparut entouré d'une éclatante lumière à l'instant où il expirait (1).

Saint Philippe vit de même un de ses disciples, Vincent Illuminator, monter glorieux vers le ciel, après une vie très sainte, et le matin même il alla annoncer cette consolante nouvelle à la famille du défunt (2).

En 1570, quarante missionnaires Jésuites s'embarquèrent à Lisbonne pour se rendre au Brésil sous la conduite du B. Ignace d'Azévédo. Arrivés en vue de l'île de Palma, l'une des Canaries, ils furent surpris par des corsaires calvinistes, et cruellement massacrés en haine de la foi. Le jour même de leur mort, sainte Thérèse étant en prière, fut saisie d'un ravissement, et vit monter au ciel quarante martyrs resplendissants de lumière, la palme à la main, et la couronne sur la tête. Elle reconnut à leurs vêtements qu'ils étaient de la Compagnie de Jésus, et parmi eux, elle aperçut François Pérez Godoï, son proche parent.

Elle fit part de cette vision au P. Balthasar Alvarez, son confesseur, et longtemps après on apprit, en Espagne, comment elle s'était

---

(1) *Bollandistes*, 26 mai, p. 475, 1ʳᵉ édition.
(2) *Ibid.*, p. 591.

réalisée. Cette révélation, dit l'historien des quarante martyrs, porte tous les caractères de la certitude, le P. Alvarez la raconta avant qu'on pût être instruit de l'événement; Jacques Yépez, archevêque de Tarragone, la rapporte dans la vie de sainte Thérèse, dont lui aussi fut le confesseur, et il dit que la sainte la lui avait affirmée. Enfin, cette révélation fut examinée juridiquement à Rome et reconnue comme authentique (1).

La vie de saint Joseph de Cupertino, de l'Ordre de saint François d'Assise, a été écrite par Domenico Bernini, pieux et savant évêque, d'après la déposition juridique des témoins interrogés au procès de sa canonisation. On y lit (p. 139) : « Pendant que Joseph habitait le couvent d'Assise, sa mère mourut à Cupertin. Quelques instants avant de rendre le dernier soupir, elle s'écria en présence de plusieurs religieux qui l'assistaient : « Mon frère Joseph, ne te reverrai-je donc plus ! » A ce moment, une vive clarté illumina la chambre, et la mourante s'écria : « O frère Joseph ! O mon fils ! » Et elle expira. Qu'en ce moment Joseph soit apparu à sa mère, il est impossible d'en douter, ajoute l'historien, car à la même heure, au couvent d'Assise, Joseph dit à un ami : « Ma pauvre mère vient de mourir ! La première lettre qui arrivera de Cupertin m'en apportera la nouvelle. » Cette lettre arriva quinze jours

---

(1) *Les quarante martyrs, ou vie du B. Ignace d'Azévédo,* par le P. Beauvais, S. J., p. 165, 166.

après, et Joseph lui-même le dit à son supérieur qui craignait de la lui communiquer.

Saint Joseph connut aussi d'une manière surnaturelle la mort du pape Urbain VIII, le 29 juillet 1644, jour auquel elle arriva (p. 136), et celle du pape Innocent X, le jeudi 7 janvier 1655 (p. 215).

La vie de saint Alphonse de Liguori, évêque de Sainte-Agathe-des-Goths, et fondateur des Rédemptoristes, nous est connue par des documents contemporains incontestables, et surtout par les récits d'un de ses disciples, le P. Tannoia, religieux d'un rare mérite, qui eut avec le Saint les rapports les plus intimes.

Voici quelques-unes des grâces dont Alphonse fut souvent favorisé :

Un jour qu'il était en chaire dans la ville d'Arienzo, au royaume de Naples, il s'interrompit tout à coup pour dire à ses auditeurs : « Mes chers enfants, récitons un *Pater* à l'occasion de l'heureux trépas de Mgr Albertini, évêque de Caserte. » On fut étonné de ce langage, mais quelques jours après, on apprit que la mort du prélat était arrivée à l'heure précise où le B. Alphonse l'avait annoncée (1).

Tannoia rapporte un autre fait plus étonnant encore. Il eut lieu dans cette même ville d'Arienzo, qui faisait partie du diocèse de Sainte-Agathe-des-Goths. « Le 21 septembre 1774, Alphonse, après sa messe, se jeta contre sa cou-

---

(1) *Vie de saint Liguori*, par l'abbé Jeancard, 2ᵉ édition, p. 500.

tume sur son fauteuil : il était abattu, silencieux,
ne faisait aucun mouvement. Il resta dans cet
état tout le jour et toute la nuit suivante. Les
serviteurs de l'évêque ne sachant ce qui allait
arriver, se tenaient à la porte de sa chambre.
Le 22, au matin, Alphonse n'avait pas changé
d'attitude ; il semblait plongé dans une longue
extase. — Tout à coup, il se réveille, agite sa
sonnette, et dit qu'il veut célébrer la sainte
Messe. A ce signal, toutes les personnes de la
maison accourent. Alphonse, surpris de voir
tant de monde, demande ce qu'il y a : « Ce qu'il
y a, répondent-ils, c'est que depuis deux jours,
vous ne parlez plus, vous ne donnez plus signe
de vie ! » — « C'est vrai, répondit Alphonse,
mais vous ne savez pas que j'ai assisté le pape
qui vient de mourir (1). »

On apprit bientôt, en effet, que Clément XIV
était mort le 22 septembre, à 7 heures du matin,
au moment où Alphonse avait repris ses sens (2).

Le fait que nous rappelons est rapporté par
tous les historiens de saint Alphonse (3).

Citons encore une information télépathique
à la fois naïve et gracieuse.

Le bienheureux Benoît-Joseph Labre, mort

---

(1) Le P de Ravignan, *Clément XIII et Clément XIV*, p. 454,
reproduit le même récit d'après le procès de la canonisation de
saint Alphonse.

(2) Tannoia, *Mémoires sur la vie de saint Liguori*, traduction
française, t. II, p. 417. Il cite plusieurs des personnes qui assis-
tèrent à cette extase du saint.

(3) L'abbé Jeancard, p. 322 ; le cardinal de Villecourt, t. II,
p. 402 ; le cardinal Capecelatro, *Vie de saint Liguori*, publiée en
1893, t, II, p. 218.

à Rome le 16 avril 1783, est un des saints que
la Providence a glorifiés par les miracles les
plus nombreux et les plus certains, comme on
peut le voir dans ses premières biographies,
et dans les actes de sa béatification publiés par
l'abbé Moigno (1).

Son premier historien, l'abbé Marconi, professeur au Collège Romain, et confesseur du
bienheureux, rapporte la déposition juridique
de deux habitants de Lorette, Gaudenzio Sora
et sa femme, qui l'avaient très bien connu, et
lui avaient donné l'hospitalité pendant les trois
derniers pèlerinages qu'il fit à la Santa Casa
de Lorette. Quelques mois après la mort du
saint, ils firent aux juges ecclésiastiques cette
déclaration :

« Le carême dernier (1783), comme nous
parlions de Benoît-Joseph en voyant approcher
le temps où il avait coutume de venir à Lorette,
notre fils Joseph, âgé de cinq ans et quatre
mois, nous répondit par ces mots : « Benoît
ne vient pas ; Benoît se meurt ! » Toutes les
fois que nous parlions de l'arrivée du serviteur
de Dieu, le petit ne cessait de nous faire la
même-réponse. Un jour nous lui demandâmes
comment il savait que Benoît ne viendrait
pas : « Le cœur me le dit ! » répondit-il aussitôt,
et comme on lui fit plusieurs fois la même
question, il y répondit toujours par ces mots :
« Le cœur me le dit ! »

Le jeudi saint de cette même année, ajouta

(1) *Splendeurs de la foi*, t. **V.**

la dame Sora dans sa déposition, je me mis à
dire : « C'est aujourd'hui que Benoît doit
arriver, il faut lui préparer sa petite chambre. »
Le petit Joseph, qui entendit ces paroles, nous
dit aussitôt : « Je vous ai déjà dit que Benoît ne
venait pas ; Benoît est allé en Paradis ! » (De
fait, c'était la veille au soir que Benoît-Joseph
avait rendu le dernier soupir.) « Quand nous
apprîmes cette mort, continua la dame Sora,
au lieu d'en faire part à mon fils qui revenait
de l'école, je lui dis d'une manière affirmative :
« Benoît vient ! » — Mais il ne répondit avec
assurance : « Il ne vient pas, je vous dis qu'il
est mort, et qu'il est allé en paradis. » — C'est
un fait certain, que nous pouvons attester,
dirent les deux témoins, puisqu'il nous est
arrivé à nous-mêmes, et que nous le savons
de pleine et parfaite connaissance (1). »

Ainsi Dieu se plut à manifester par la bouche
d'un enfant la gloire de son fidèle serviteur.
Ici, point de suggestion ni d'hallucination
possible ; la réalité d'un fait extérieur, arrivé
au loin, répond à la lumière intérieure et vient
en garantir la vérité.

Voilà quelques-uns des faits recueillis dans
la vie des saints : ils ne sont pas moins sûre-
ment constatés que les phénomènes télépathiques aujourd'hui reconnus comme certains.
Mais leur signification est bien autrement
claire et précise. Ils nous révèlent les mystères

_____

(1) *Vie de Benoît-Joseph Labre,* par l'abbé Marconi, traduction
française, Paris, 1785.

de l'au delà, et manifestent le bonheur dont
jouissent après la mort les fidèles serviteurs
de Dieu.

Lorsque le savant se trouve en présence
d'inscriptions tracées dans une langue inconnue, s'il parvient à déchiffrer quelques
caractères, il part de là pour découvrir le sens
intégral de ces documents.

Ainsi pouvons-nous faire, ce me semble, au
sujet des informations télépathiques. Il en est
un grand nombre dont le sens moral nous
échappe : souvent les narrateurs omettent les
détails qui pourraient révéler ce côté plus
intime : mais d'autres phénomènes ont une
plus grande transparence ; ils nous font voir
le but général de ces informations singulières
et les précieux enseignements qu'ils doivent
nous suggérer. Nous en dirons quelque chose
en terminant cette étude.

CONCLUSION

Pour qui réfléchit sur le sens de la vie, la question suprême est sans doute celle de la survivance de l'âme et de son immortalité.

Grâce à Dieu, la réponse n'est pas incertaine, et ici les lumières de la raison s'unissent aux enseignements de la foi.

La raison nous dit que l'âme humaine, née pour la connaissance du vrai, du bien, de Dieu même, n'est pas périssable comme le corps ; nous en avons pour gage le désir indestructible d'un bonheur que les biens terrestres ne peuvent nous donner. Dieu ne peut nous inspirer une tendance innée, ardente que jamais rien ne pourrait contenter.

Plus encore, la vie future est la sanction nécessaire de l'ordre moral. Une loi s'impose à nous avec un empire absolu, la loi du devoir, et souvent elle exige les sacrifices les plus pénibles ; à tous, elle prescrit une lutte incessante contre les passions les plus vives, lutte qui dure jusqu'à la mort.

A cette loi il faut une sanction puissante, proportionnée aux sacrifices qu'elle demande, sinon, dans une foule de conjonctures, il y aurait profit pour le sujet rebelle à violer les plus graves obligations. — Cette sanction se trouve-t-elle dans la vie présente ? Non, sans doute : souvent la conduite la plus pure ne met pas à l'abri des souffrances et des malheurs ;

souvent les vices et les crimes restent impunis jusqu'à la fin. — Ce n'est pas des hommes que l'on peut attendre une juste appréciation du mérite. Les vertus les plus solides restent cachées, et le monde n'a rien pour les récompenser.

Et remarquons ici les exigences de la loi naturelle. Bien que la Providence ne mette pas tous les hommes dans l'alternative du devoir ou de la mort, à tous cependant, elle prescrit de préférer l'ordre moral aux avantages terrestres, si grands soient-ils ; elle ordonne de sacrifier sa vie plutôt que de consentir au mal ou à l'injustice. Et cette loi n'aurait aucune sanction par delà la vie présente ? Alors tous devraient se dire que pour l'homme, la vertu la plus héroïque est la plus stérile, qu'en face de la mort, le suprême et unique intérêt est le mépris du devoir, que là, toute la récompense est pour le crime, toute la peine pour la vertu ! Ce ne serait pas seulement l'impunité pour qui se moque alors de la loi morale, ce serait la récompense et le profit. Et l'on pourrait dire, après cela, que dans le monde moral tout est digne de la sagesse divine et du divin Législateur ! Non, sans doute, et voilà pourquoi tous les peuples ont admis l'existence d'une vie future, rémunération de la vertu, ou châtiment du crime. A la vue de l'impiété ou de l'injustice si souvent triomphantes, ils ont compris que tout ne peut finir avec la vie présente ; il en faut une autre pour que l'ordre moral soit respecté ou vengé.

Nous trouvons donc dans la nature de l'âme humaine et dans les exigences les plus essentielles de l'ordre moral les fondements inébranlables et les preuves d'une vie ultérieure.

Les enseignements de la révélation chrétienne viennent confirmer et compléter les données de la raison. Appuyée sur le témoignage divin, et munie des caractères surnaturels qui manifestent son origine céleste, l'Église catholique nous déclare que l'âme humaine est immortelle, et depuis dix-neuf siècles tous les chrétiens redisent : *Credo vitam æternam !*

Cependant, au milieu d'une génération imbue de positivisme, et oublieuse de ces motifs supérieurs, il est utile de signaler des manifestations sensibles constatées d'une manière scientifique, et liées d'une manière intime à l'objet de ces problèmes.

Les auteurs du rapport publié en 1884 par la Société anglaise *(for psychical research)*, malgré leur réserve excessive au point de vue moral, voient dans les phénomènes télépathiques « la preuve la plus claire que nous ne sommes pas des gouttes isolées, perdues dans un nuage immense emporté par les tempêtes, mais des centres et des principes de force qui agissent les uns sur les autres, et communiquent entre eux comme les membres d'un même corps » (p. 173).

A nos yeux, ces informations extraordinaires ont un autre sens plus élevé. ·

On voulait bannir de la science tout ce qui

dépasse la portée des forces physiques étudiées dans les laboratoires, et voilà que des phénomènes parfaitement constatés révèlent des énergies supérieures, intelligentes, dont la matière ne peut rendre compte.

Aux yeux des positivistes, la survivance des âmes n'était qu'un rêve, une hypothèse sans valeur ; et maintenant des hommes éminents par leurs connaissances positives admettent comme certains des faits qui supposent clairement cette existence ultérieure. Il y a là sans doute un indice révélateur pour tout homme qui réfléchit. Quelques rayons inattendus jaillissent de la science expérimentale elle-même et des phénomènes qu'elle constate, et ces rayons projettent leur clarté sur l'âme humaine et sur son immortelle destinée.

TABLE DES MATIÈRES

266-03. — Paris. Impr. des Orphelins-Apprentis, F. Blétit
40, rue La Fontaine.